UN MINISTÈRE

DE

L'ORGANISATION DU TRAVAIL

PAR **J. THÉODELPHE**,

ANCIEN OUVRIER.

Prix : 10 centimes.

PARIS,

CHEZ DESLOGES, ÉDITEUR,

RUE SAINT-ANDRÉ DES-ARTS, 3

5 Mars 1848.

UN MINISTÈRE

DE

L'ORGANISATION DU TRAVAIL

PAR J. THÉODELPHE,

ANCIEN OUVRIER.

Prix : 10 centimes.

PARIS,

CHEZ DESLOGES, ÉDITEUR,

RUE SAINT-ANDRÉ-DES-ARTS, 39.

5 Mars 1848.

Imp. de Mme de Lacombe, rue d'Enghien, 12.

UN MINISTÈRE

DE L'ORGANISATION DU TRAVAIL.

QUESTION DES HEURES DE TRAVAIL

et de l'augmentation des salaires,

OUVRIERS CITOYENS !

C'est la seconde fois que je viens m'entretenir avec vous de la chose publique et de vos grands intérêts d'avenir.

Je veux aller au-devant d'un doute qui pourrait naître dans votre esprit.

Cet ancien ouvrier ne serait-il pas, direz-vous, un heureux parvenu de ce siècle, tremblant pour ses intérêts personnels, qui viendrait, sous le langage de la sympathie pour notre cause, nous engager à rentrer dans nos ateliers et à nous contenter encore de fallacieuses promesses, pour nous frustrer une troisième fois des droits glorieux que nous venons de reconquérir au prix de notre sang ?

Non, citoyens camarades ; celui qui vous

parle n'est qu'en apparence sorti de vos rangs, car il est resté pauvre et malheureux avec vous!

Celui qui vous parle a trois frères ouvriers mécaniciens, dont deux sont à Paris au milieu de vous.

Il a deux oncles ouvriers tisseurs à Paris, hommes de cœur et d'intelligence, de la plus honorable conduite, et toujours malheureux.

Il a deux sœurs, dont le travail est le seul soutien d'un père et d'une mère adorés!

Il soutient un neveu, apprenti tailleur de limes.

C'est à ce titre qu'il veut s'entretenir fréquemment avec vous des questions brûlantes qui nous agitent aujourd'hui; il vient encore sonder la plaie, il espère vous indiquer prochainement le remède; ses paroles sauront mériter votre confiance.

Les 28 et 29 février dernier, vous vous êtes portés en corps, et drapeau en tête, à l'Hôtel-de-Ville, pour exprimer au gouvernement provisoire vos vœux et les réformes que vous désirez.

Vous avez accompli cette démarche solennelle et imposante avec un ordre, un calme et une dignité qui font honneur à votre caractère, et qui sont dignes de la grande révolution que nous venons d'accomplir !

Camarades ! c'est en nous possédant ainsi nous-mêmes que nous confondrons tous nos détracteurs, que nous prouverons à la France et à l'Europe que nous sommes capables de nous gouverner nous-mêmes, et de nous donner des institutions fortes et libres, qui assurent à jamais la consécration et la jouissance de nos droits, le bonheur et la prospérité de notre Patrie !

Vous avez demandé au gouvernement provisoire quatre choses :

1° La diminution des heures de travail ;

2° L'augmentation des salaires ;

3° L'abolition du marchandage ;

4° La formation d'un ministère de l'organisation du travail.

Vous avez demandé ces réformes au nom de tous les travailleurs de la République, au nom des douze millions d'ouvriers français, vos camarades, pour lesquels vous avez encore si glorieusement combattu !

Vous avez appuyé ces quatre demandes sur les motifs les plus honorables et les plus justes.

Une diminution des heures de travail,

qui nous laisse le temps de nous livrer à l'étude, à l'instruction, pour nous élever à la hauteur de la grande mission sociale que nous avons à remplir.

Une augmentation de salaire, qui apporte quelque soulagement à nos frères chargés de famille et malheureux.

L'abolition du marchandage, comme subversif du principe d'égalité entre les travailleurs.

Un ministère de l'organisation du travail, qui aura plus de force morale en notre faveur, et dont la formation ne sera que la juste réparation d'une longue injustice; car il y a plus de travailleurs qu'il n'y a d'administrés par tous les autres ministères réunis.

Ces diverses réformes ainsi formulées, sont-elles 1° possibles, 2° avantageuses.

C'est ce que nous avons à examiner.

Je vous ai montré, au commencement de ces lignes, camarades, si ma parole peut vous être suspecte.

Je dois vous dire avec autant de franchise la vérité sur ces réformes, que lorsque je vous ai dit : Votre démarche à l'Hôtel-de-Ville a été noble et digne !

Eh bien, les deux premières réformes ne sont pas légalement *possibles*, et si nous les exigeons, elles seront *fatales* à notre avenir.

Voici *pourquoi* et *comment* :

Le gouvernement provisoire n'a pas le droit de prendre une mesure particulière pour les fabricants de Paris, et de leur dire : Vous allez diminuer le travail d'*une* heure dans les ateliers, et augmenter de *tant* la journée de telles et telles catégories d'ouvriers. Ceux d'entre vous qui ont assez de fortune pour supporter les pertes que cette mesure pourra leur occasionner, n'en seront pas plus malheureux ; ceux qui dans six mois seront ruinés, devront également se soumettre.

Qui d'entre nous ne sent que ce serait là une criante injustice envers les fabricants de Paris, et à laquelle ils sauraient bientôt se soustraire en transférant aussitôt leurs ateliers en province ?

Nous serions alors obligés de les suivre pour avoir du pain, car nous manquons de capitaux pour former d'autres ateliers, et c'est alors que, vaincus par la nécessité, nous serions plus dépouillés et plus esclaves que jamais.

Le gouvernement provisoire a encore moins le droit de prendre cette mesure pour toute la France sans le concours de la Nation ; car le gouvernement provisoire, pas plus qu'un gouvernement définitif, n'est le maître ni des fabricants, ni des travailleurs ; il n'est que notre chargé d'affaires à tous, **et** il ne peut rien faire de général et pour *tous* qu'avec le concours et la volonté de *tous*.

Ces deux réformes, ou plutôt cette réforme double, n'est donc pas praticable ; voyons quelles en seraient les conséquences.

Admettons par hypothèse que ces deux concessions soient accordées, elles ne pourraient l'être d'abord en vingt-quatre heures, comme vous le demandez, car la question est d'une complication immense, effrayante ! Pour que le gouvernement soit juste envers tous les corps d'état, il faut qu'il étudie la nature, le mécanisme, les exigences, les besoins de chacun d'eux ; il faut qu'il tienne compte, pour les uns, du coulage de la fonte qu'on ne peut laisser refroidir, parce que telle heure a sonné ; pour les autres, de l'exigence du client, qui veut être servi de telle ou de telle manière, à telle heure et sans retard ; pour d'autres enfin, dont l'industrie donne plus ou donne moins de bénéfices, d'une autre proportion dans la fixation des salaires, etc., etc.

Mille raisons, mille exigences diverses qu'il faut longuement étudier et discuter pour être juste envers tous, et dont vous ne pouvez pas attendre la solution pour rentrer dans vos ateliers, sans tout compromettre, existence, liberté, révolution, avenir !

Mais là n'est pas encore le point culminant du mal.

Si vous obtenez cette réforme pour Paris, vous déplacez l'industrte et faites de la capitale un désert que vous quitterez aussitôt pour redevenir plus malheureux.

Si vous l'obtenez pour la France entière, vous condamnez notre industrie nationale à *l'immobilité*, et vous la tuez du coup : car la vie, c'est le mouvement, et l'immobilité, c'est la mort !

En effet, si nos produits nationaux baissent de valeur, par des causes que vous ne pouvez empêcher, telles que la guerre, la disette ou le choléra, les fabricants viendront vous prouver, livres en mains, dans six mois, un an, ou deux ans, qu'ils ont perdu l'un un million, l'autre cent mille francs, l'autre sa fortune tout entière.

Et ils vous diront alors :

Si les affaires reprennent, il est juste que les bénéfices me reviennent à moi seul, puisque j'ai tout sacrifié pour vous soutenir, puisque sans cela, me voilà obligé de fermer.

Vous vous serez donc condamnés à l'éternelle monotonie d'un travail et d'un gain uniformes; vous aurez anéanti tout avancement, tout progrès, toute chance de fortune pour vous !

Et ceux d'entre vous qui professent des industries délétères et destructives de la vie, telles que la fabrication du blanc de céruse, du noir animal, la préparation des oxides, etc., etc., seront donc toujours condamnés à mourir avant l'âge, de la même manière et par les mêmes causes ?

Allons plus loin; admettons que, dans un moment de crise industrielle, pour éviter la baisse des produits nationaux et conserver nos chances d'amélioration et de progrès, vous exigiez du Gouvernement l'élévation de tous les droits d'importation des produits étrangers, analogues à ceux que vous fabriquez. Voici ce qui en résultera :

1° Les gouvernements voisins augmenteront proportionnellement vos droits d'exportation chez eux, et vous serez condamnés à mourir de faim à côté de vos produits. Le paysan du midi de la France détruira la vigne pour cultiver du blé, nos capitaux iront à l'étranger chercher des conditions meilleures ; la perturbation et le malheur seront partout.

2° Une lutte terrible, une lutte à mort s'engagera alors contre l'élévation des tarifs d'importation ! Vous verrez s'organiser sur toutes nos frontières des bandes immenses de contrebandiers, des compagnies même, ayant à leur tête des capitalistes et de gros chefs, et fonctionnant comme une armée !

Alors la vie intérieure de la République sera frappée de mort, toute sa vitalité se portera aux frontières, la circonférence dévorera le centre, tout sera perdu.

Et ne pensez pas que ce tableau soit exagéré. L'Espagne nous en donne aujourd'hui un effrayant exemple, les millions du budget ne peuvent rien pour la répression de la contrebande.

Et ne pensez pas que ce résultat ne soit pas probable, parce que nos produits sont à peu près, direz-vous, au niveau, quant aux prix, de ceux de nos voisins; ce serait là une grave erreur!

En 1843, j'achetais à Londres des articles de lingerie à 25 p. % au-dessous des prix de Paris, qualité égale ;

Des makintoch à 40 p. % au-dessous de Paris ;

Des plumes métalliques à 60 p. % au-dessous.

En décembre dernier (1847), j'achetais à Liége et à Bruxelles des articles de coutellerie et des armes, à 40 et 50 p. % au-dessous des prix de Paris.

Vous tous, ouvriers mécaniciens, serruriers, taillandiers, vous ne voulez que des limes d'Allemagne ou anglaises, et nos fabricants français en sont réduits, pour vivre, à vous fabriquer et à vous vendre des contrefaçons!

Voilà des faits; ils parlent plus haut que toutes les théories.

Des libraires du département du Nord ont organisé sur une vaste échelle, la contrebande des contrefaçons belges, et ornent ainsi les bibliothèques des avocats et des magistrats français, d'ouvrages de science et de littérature, à 60 p. % au-dessous de Paris!

Dans une ville du même département, un colonel de notre armée, en activité de service, avait organisé un immense réseau de contrebandiers sur toute la frontière du Nord. Il introduisait machines à bras, machines à vapeur, fontes moulées, tissus, tabac, denrées, et servait ainsi son pays, en tuant à son profit le commerce et l'industrie du plus riche de nos départements.

Ce sont encore des faits.

Voilà, ouvriers citoyens, quels seraient inévitablement les conséquences d'une réforme générale et sérieuse, tendant à *imposer* à vos maîtres une réduction des heures de travail, et une augmentation de salaire taxé à un minimum au-dessous duquel on ne pourrait descendre.

Mais ce résultat, qui serait l'anéantissement de notre industrie, vous ne l'obtiendrez pas, parce que vous n'obtiendrez pas une réforme d'une complication tellement grande, d'une application tellement impossible, que l'essai même serait au-dessus des forces humaines de quelque gouvernement que ce soit !

Savez-vous ce que vous obtiendrez ? Vous obtiendrez du Gouvernement provisoire tout ce qu'il lui est possible de vous accorder, une concession factice, un semblant d'amélioration, dont vous ne verrez plus trace dans six mois, car votre maître sera libre encore de vous réduire votre journée, si, dans trois mois, le mauvais état de ses affaires le force à vous faire subir cette diminution *.

Nous disons que le gouvernement, dans l'impossibilité de vous accorder une *réforme,* vous accordera une *concession.*

Savez-vous la différence qui existe entre une réforme et une concession?

Une *réforme,* c'est un changement, une amélioration sérieuse et notable à un état de choses reconnu mauvais.

Une *concession* en politique, c'est l'octroi, le don que l'on fait d'une chose quand on y est forcé.

---

* Les évènements marchent vite en révolution. Au moment où nous mettons sous presse (3 mars), nous lisons un arrêté du Gouvernement provisoire qui réduit d'une heure la journée de travail et abolit le marchandage !

Les efforts du Gouvernement sont très louables, mais la mesure est inefficace. — Pauvres travailleurs !

Dans une *réforme*, on accorde librement et définitivement.

Dans une *concession*, on donne d'une main pour retirer de l'autre.

La réforme est un *fait*, la concession est un *leurre*.

Est-ce à dire que le gouvernement voudrait vous tromper ? Non, les intentions du Gouvernement provisoire sont honnêtes, loyales et franches ! Il en a vingt fois donné la preuve depuis dix jours.

Mais le Gouvernement provisoire ne peut pas l'impossible.

Quant à la suppression du marchandage, elle est juste et immédiatement possible.

Savez-vous ce qui est encore possible, ce qui est de toute justice, ce qui sera efficace, et le plus ferme appui de votre avenir comme travailleurs ?

C'est la formation d'un ministère de l'organisation du travail.

Ce ministère *est possible* ; d'un mot, le Gouvernement provisoire peut le créer, et l'Assemblée nationale sanctionnera cette création.

Il est de toute justice : une révolution faite *par vous* doit être faite *pour vous* ; et il y a plus de travailleurs qu'il n'y a de soldats, de marins, d'instituteurs, de magistrats, de prêtres, de patentés, qui ont chacun un ministère séparé.

Vous êtes plus nombreux à vous seuls que tous les soldats, marins, instituteurs, magistrats, prêtres et patentés réunis!

Et vous avez fait deux Révolutions sans que l'on se soit occupé de vous! Tous nos gouvernants n'ont donc été jusqu'à ce jour que des *renards*, se servant de la patte du *chat* pour tirer les marrons du feu?

Ce ministère *sera efficace*, car, une fois institué, il sera forcé de *fonctionner*, et pour fonctionner, il sera forcé de s'occuper de vous, et de ne s'occuper que de vous.

Or, ce n'est qu'en s'occupant de vous, avec énergie, persévérance et force, que votre sort peut s'améliorer.

Ce n'est qu'en *organisant le travail* que vous vous élèverez à la condition d'hommes libres.

Ce n'est qu'en vous affranchissant de la *dépendance* de votre condition actuelle de travailleurs, que vous serez réellement indépendants.

Que vous feront une heure de moins de

travail ou 1 fr. de plus de salaire, si demain votre maître peut vous jeter encore sur la rue?

Il faut donc que désormais le travail soit aussi indépendant que le capital ; qu'il ait le même poids dans la balance, la même force dans la société.

Il faut que le travailleur soit aussi libre, aussi indépendant que le capitaliste. Et pour que le travailleur soit aussi indépendant que le capitaliste, il faut qu'il soit aussi assuré de vivre par son travail, que le capitaliste est assuré de vivre par son capital.

Il faut, pour qu'il en soit ainsi, un changement radical, complet, dans l'ordre social actuel. Vous avez exprimé le vœu d'avoir pour ministre de l'organisation du travail M. Louis Blanc ; votre choix est heureux. Nous venons de parcourir encore une fois son remarquable ouvrage sur l'organisation du travail. Il y a là des germes d'une fécondité immense ! M. Louis Blanc sera la sentinelle avancée de votre réhabilitation sociale !

Il est impossible qu'*une commission de gouvernement* puisse s'élever à l'initiative, à la liberté d'action et à la force qu'exige l'accomplissement de cette vaste réforme.

Il faut un ministère de l'organisation du travail.

Cela est justice, cela est indispensable, cela est un droit, cela nous est dû. Il le faut, et il faut le demander avec une énergie, une persévérance et une fermeté, devant lesquelles viennent se briser les hésitations, les doutes et les refus, s'il pouvait s'en rencontrer !

Il faut que les attributions de ce ministère soient nettement et franchement définies ; il faut qu'il ait pour mission exclusive et spéciale l'*organisation du travail*.

Cette tâche immense serait capable d'occuper dix ministères, à plus forte raison ne faut-il pas qu'il puisse s'occuper d'autre chose.

Il faut que son *titre*, que son *nom* résume ses *attributions* et sa *mission*.

Il faut qu'il s'appelle comme nous l'appelons, comme vous l'avez appelé et défini à la chambre des pairs, le 1ᵉʳ mars : *Ministère de l'organisation du travail*.

Nous insistons sur les mots, parce que, depuis trente-cinq ans, nos gouvernants ont toujours si mal défini, si mal précisé, qu'ils ont toujours pu ne rien tenir après avoir beaucoup promis.

Ils ont tellement tout dénaturé par leurs grands mots vides de sens, qu'ils ne nous ont jamais montré d'autre spectacle que celui de la montagne accouchant d'une souris.

Sous le prétexte de faire de la science, ils ont toujours si bien monté le mécanisme gouvernemental, tant compliqué les rouages, multiplié les engrenages, que deux fois la machine s'est brisée !

Aujourd'hui, il ne faut plus qu'il en soit ainsi : c'est le peuple qui est à l'œuvre, il est simple et franc, il est magnifique de grandeur et de force ; il faut que toutes les institutions de la République française soient frappées d'un cachet de simplicité, de franchise, de grandeur et de force, qui assurent à jamais la grandeur et la force de la République, l'indépendance et la royauté du Peuple souverain !

Nous insistons encore, parce qu'il se signe en ce moment, chez la plupart des journaux de Paris, une pétition demandant la formation d'*un Ministère du Progrès.*

Que signifie ce mot *progrès ?*

Serait-ce, par hasard, le *progrès* du discours de Lisieux ?

Ce mot progrès ne signifie rien ici, parce

que, précisément, il a toutes les significa-
tions.

Tous les ministères doivent être des ministères du *progrès*, parce que tous ont besoin de *progrès*, parce que toutes les branches
d'administration, d'industrie, de commerce,
d'agriculture, ont besoin, immensément besoin de *progrès!*

Ce ministère du progrès s'occuperait-il de
tous les progrès, ou d'un seul progrès?

S'il s'occupe de tous les progrès, c'est un
rouage superflu, chacun doit faire sa be-
sogne.

S'il ne s'occupe que d'un seul progrès,
tous les autres seront jaloux.

Ce titre : *Ministère du progrès,* est donc un
non sens.

Le bon sens des ouvriers avait déjà fait
justice de cette expression avant qu'elle ne
parût; nous sommes surpris que le *bon sens*
des rédacteurs des journaux où se signe cette
pétition, n'en ait pas fait justice aussitôt
qu'elle a paru.

Si nous commençons par créer le vague,
nous n'enfanterons que l'incertain.

Si nous n'entrons pas franchement dans
la saine pratique, nous nous perdrons encore dans les théories.

Nous avons assez longtemps parlé, folliculé, il faut maintenant agir.

Nous avons assez de *mots*, il nous faut des *faits*.

Concluons.

De tout ce qui précède il résulte :

Que nous devons immédiatement rentrer dans nos ateliers.

Que nous devons nous en tenir, quant à présent, à la commission instituée par le gouvernement pour les questions relatives à nos intérêts.

Demander sans repos ni trève, mais avec calme et dignité, la formation d'un ministère de l'organisation du travail.

Nous occuper ardemment des élections générales.

Nous devons rentrer dans nos ateliers, parce que nos détracteurs, ceux qui nous ont exploités jusqu'à ce jour, épient nos mouvements, surveillent notre attitude, et chercheront sourdement à nous garotter de nouveau, si nous leur en donnons le moindre prétexte.

Vous direz, ce n'est plus possible !

Vous disiez la même chose il y a dix-sept ans, et ils nous ont garottés depuis dix-sept ans !

Vous n'êtes pas plus forts qu'il y a dix-sept ans, parce que vous êtes encore aussi pauvres, aussi confiants, aussi de bonne foi.

Vos ennemis sont encore aussi forts qu'il y a dix-sept ans, parce qu'ils sont encore aussi riches, aussi nombreux (il n'y en a qu'*un* de moins), aussi persévérants, aussi rusés, aussi déloyaux.

Donc ils peuvent encore vous garotter, vous asservir pour le temps de toute une génération.

Et savez-vous qui sont vos adversaires, vos ennemis implacables ?

Ce sont ces innombrables mangeurs de budgets, dont la plupart sont encore en place.

Ce sont ces hommes tarés de haute région, qui viennent honteusement vous offrir leur épée, leur adhésion et leur dévouement, pour conserver leurs sinécures, leurs traitements sans travail.

Ce sont tous ces heureux du siècle dont les intérêts matériels, leur seul mobile, sont opposés à toute amélioration.

Ce sont ces journalistes vendus ou sans pudeur, folliculaires à tout vent, qui soute-naient hier encore la dernière race proscrite de vos oppresseurs, et qui aujourd'hui crient plus fort que vous : Vive la République !

Ce sont ces chefs sans cœur d'une opposition sans vie, qui n'ont eu ni la force de marcher, ni le courage de mourir à la tâche !

Jusqu'à quelle profondeur cette effrayante corruption n'était-elle pas arrivée, puisque dans ce cloaque impur on n'y trouve pas un seul homme !

Savez-vous ce que l'on affirme aujourd'hui à l'oreille ?

C'est que l'un de ces traîtres infâmes, celui qui vous a enchaîné la parole par les lois de septembre, qui a prélevé 400 millions sur vos sueurs, pour vous environner d'une ceinture de bastilles, se vante que dans trois mois Paris sera à ses pieds !

Parce que, ne pouvant pas marcher, nous aurons besoin de lui pour mettre l'*ordre* et la *discipline* dans nos affaires !

Ouvriers citoyens ! il faut le faire mentir !!.....

Rentrons donc avec ordre dans nos ateliers, pour déjouer tous nos ennemis !

Communiquons activement avec nos délégués auprès de la commission du gouvernement.

Poussons activement cette commission elle-même dans les questions vivantes de la pratique; arrière toutes ces théories savantes qui n'ont jamais vu un atelier! *Des faits, des faits,* toujours *des faits,* et la mise en œuvre !

Demandons à grands cris un Ministère pour les travailleurs !

Occupons-nous sans relâche des élections générales. Voyons-nous souvent, sondons nos forces, étudions les hommes de notre choix, assurons le triomphe de notre Révolution!

Ouvriers citoyens! nous sommes aujourd'hui les héros du mouvement; nous sommes les sentinelles avancées de notre régénération sociale; il faut que ce sceptre ne nous échappe point de la main, il faut qu'un cri universel, formidable, retentisse d'écho en écho, d'un bout à l'autre de la France, celui que vous avez fait retentir si noblement dans tout Paris, la nuit du 24 au 25 février,

Sentinelle ! garde à vous !!!...

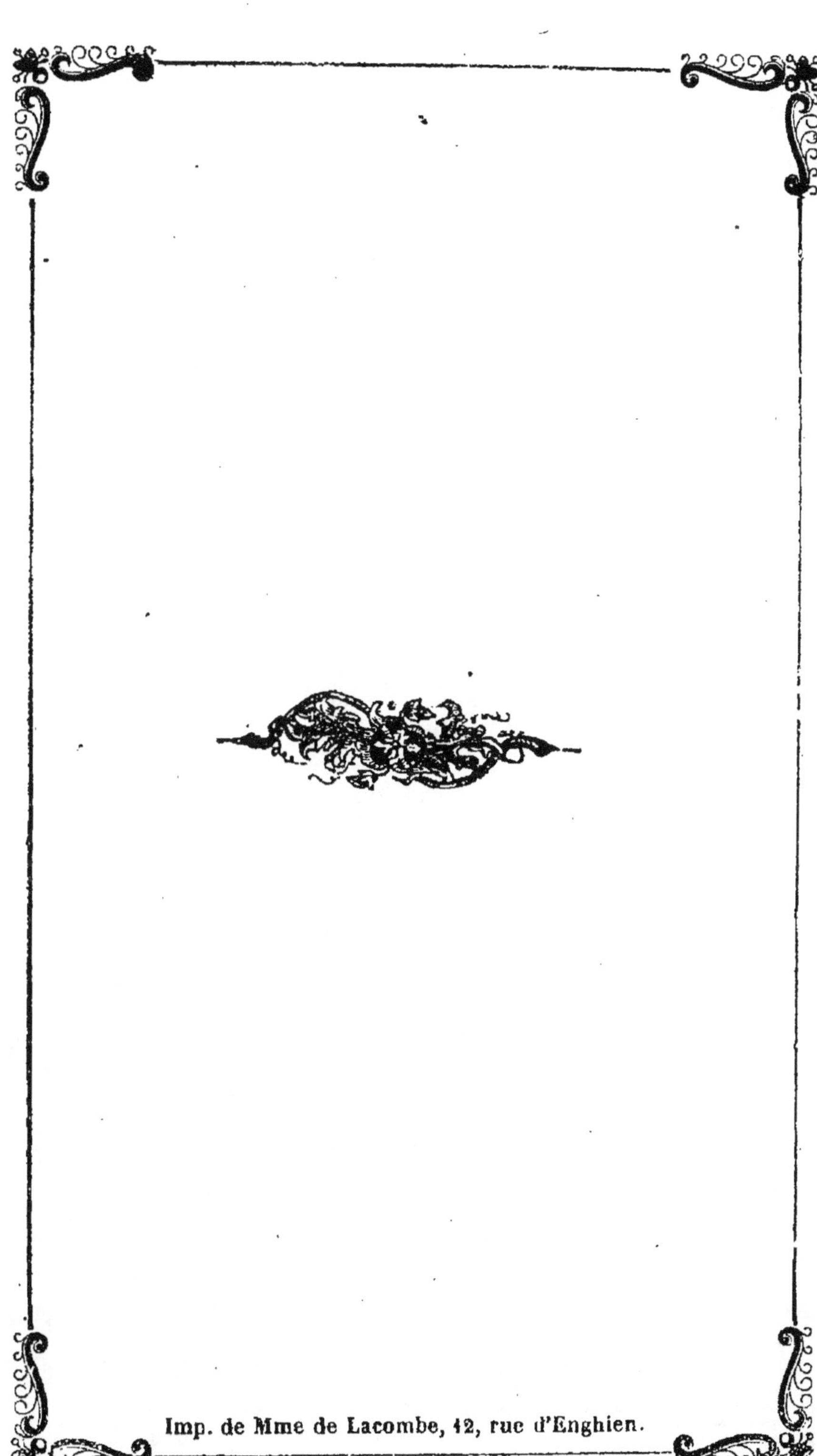

Imp. de Mme de Lacombe, 12, rue d'Enghien.